BEI GRIN MACHT SICH IHR WISSEN BEZAHLT

Persönlichkeitspsychologie. Emotionale Intelligenz, Raymond Cattell-Modell, Kreativität

Bibliografische Information der Deutschen Nationalbibliothek:

Die Deutsche Nationalbibliothek verzeichnet diese Publikation in der Deutschen Nationalbibliografie; detaillierte bibliografische Daten sind im Internet über http://dnb.d-nb.de abrufbar.

ISBN: 9783346312723
Dieses Buch ist auch als E-Book erhältlich.

Druck und Bindung: Books on Demand GmbH, Norderstedt Germany
Gedruckt auf säurefreiem Papier aus verantwortungsvollen Quellen

Das vorliegende Werk wurde sorgfältig erarbeitet. Dennoch übernehmen Autoren und Verlag für die Richtigkeit von Angaben, Hinweisen, Links und Ratschlägen sowie eventuelle Druckfehler keine Haftung.

Das Buch bei GRIN: https://www.grin.com/document/962849

Persönlichkeitspsychologie

Einsendeaufgabe

Alternative C

SRH Fernhochschule- The Mobile University

Modul: Persönlichkeitspsychologie

Studiengang: B. Sc. Psychologie

Inhaltsverzeichnis

1. Aufgabe C1

Im Unterkapitel 1.1 werde ich den Begriff der emotionalen Intelligenz genauer definieren, werde in Kapitel 1.2 den Begriff der klassischen Intelligenz mit dem der emotionalen Intelligenz abgrenzen. Im Unterkapitel 1.3 werde ich das Modell der emotionalen Intelligenz ausführlicher darstellen und im letzten Punkt 1.4 über die emotionale Intelligenz im Gesundheitswesen diskutieren.

1.1 Emotionale Intelligenz- Begriffsbestimmung

Der Begriff der emotionalen Intelligenz (EI) führt ins ausgehende 20. Jahrhundert zurück. Dort gelangten einige Manager zu der Einsicht, dass der wirtschaftliche Erfolg eines Individuums nicht alleine nur Ergebnis seiner kognitiven Fähigkeiten und seines Fleißes ist. Geselligkeit, Selbstkontrolle und Empathie kommen darin ebenfalls zum Tragen. Um einen Arbeitserfolg verzeichnen zu können, müssen diese Eigenschaften stetig und signifikant sein, weswegen hier das Wirken einer konstruktiven emotionalen Fähigkeit vermutet wird. [1]

1990 brachte Daniel Goleman, ein US-amerikanischer Psychologe und Wissenschaftsjournalist, ein interessantes Forschungsergebnis an die Öffentlichkeit, welches besagte, dass Menschen, die beruflich sehr erfolgreich sind, meist keinen besonders hohen IQ (Intelligenzquotienten) aufweisen, sondern oftmals durch einen ausgeprägten IQ in der emotionalen Intelligenz auffallen.[2]

Auch bei der emotionalen Intelligenz gibt es diverse Definitionen. Allgemein lässt sich sagen, dass sie als die messbare kognitive Verarbeitung von emotionalen Informationen verstanden werden kann. [3]

---

[1] Vgl. Kantig, A. v. (2010), S. 24 ff.
[2] Vgl. Kanitz, A. (2015), S. 26
[3] Vgl. Mayer, J. D., Caruso, D., Salovey, P. (2000), S. 320 ff.

Die emotionale Intelligenz bzw. die Intelligenz der Gefühle definiert Daniel Goleman wie folgt:

Er erklärt, dass in der emotionalen Intelligenz, Selbstmotivation und die Fähigkeit, im Falle von Enttäuschungen weiter zu machen inbegriffen sind. Die Fähigkeit, eigene Impulse zu unterdrücken, seine Stimmungen verhindern und regulieren zu können, sich in andere hineinversetzen zu können und zu erkennen, dass Trübsal die Denkfähigkeit raubt.[4]

Sie wird als die Fähigkeit beschrieben, sich selbst *„in die Lage eines anderen Menschen zu versetzen und die Ereignisse und Emotionen so zu fühlen, wie der andere sie erlebt"*.[5]

Menschen, die die Fähigkeit besitzen ihre eigenen emotionalen Zustände als auch die ihrer Mitmenschen wahrzunehmen und mit diesen „intelligent" umzugehen, besitzen die Fähigkeit zur emotionalen Intelligenz (EI). Ebenfalls die Fähigkeit *„emotionale Prozesse vorauszusehen und sie für Denk- und Entscheidungsprozesse nutzbar zu machen"*.[6]

Als weiterer Punk gelten die beiden Fähigkeiten der Gefühls- und Expressivitätsunterscheidung, welche ermöglichen, Emotionen zu unterdrücken, zu offenbaren und bewusst zu erleben. [7]

---

[4] Vgl. Goleman, D. (2008), S. 54
[5] Aronson, E., Wilson, T. D., Akert, R. M. (2004), S. 409.
[6] Kanitz, A. v. (2010), S. 28
[7] Vgl. Goleman, D. (2009), S. 21

1.2 Intelligenz vs emotionale Intelligenz

Mit dem Begriff der Intelligenz wird meist der Ausdruck von Klugheit[8], *„Selbstsicherheit, Erfolg und Redegewandtheit"*[9] verstanden und in Zusammenhang gebracht. Doch wie bei den meisten seelischen und geistigen Charaktereigenschaften findet man auch hier keine klare, eindeutige Definition des Begriffs der Intelligenz.[10]

Bei der Intelligenz handelt es sich um die Fähigkeit sich auf Grund von Einsichten in neuen Situationen zurechtzufinden und die Fähigkeit, Aufgaben mit Hilfe des Denkens zu lösen.[11]

Generell werden Menschen als intelligent bezeichnet, die in der Lage sind, komplexe mathematische Probleme zu erkennen, zu verstehen und Lösungen zu entwickeln.

Wohingegen ein emotional intelligenter Mensch besonders befähigt ist, emotionale Vorgänge bei sich und auch bei anderen zu erkennen und in angemessener Weise damit umzugehen.[12]

Wissenschaftler unterteilen den klassischen Intelligenzbegriff in zwei Bereiche: Zum einen umfasst die Intelligenz eines Menschen die Bildung und Erfahrung und zum anderen die Fähigkeit sich diese anzueignen.

Im Gegensatz zur emotionalen Intelligenz ist die klassische Intelligenz (vermeintlich) messbar.

Die gängigsten Tests sind die RPM (Ravens Progressive Matrizen) Tests. In diesen Tests werden Probanden beispielsweise eine Reihe an Mustern gezeigt, welche logisch fortgesetzt werden müssen.[13]

---

[8] Vgl. Funke, J. Vaterrodt- Plünnecke, B. (2004), S. 7
[9] Funke, J. Vaterrodt- Plünnecke, B. (2004), S. 9
[10] Vgl. Funke, J., Vaterrodt-Plünnecke, B. (2004), S. 9
[11] Vgl. Weber, H., Rammsayer, T. (2005), S. 323
[12] Vgl. Kanitz, A. (2015), S. 27-28
[13] Vgl. Ahmadi, R. (o.D.)

3

Diese und viele weitere „Testübungen" werden zur Erkennung von Intelligenz angewandt, gemessen und bewertet.

Um eine direkte Gegenüberstellung des IQ (Intelligenzquotient) zu bieten, kürzt man die emotionale Intelligenz als „EQ" ab. Dieser umfasst die Fähigkeiten der Teamfähigkeit, des Taktgefühls, des Mitgefühls, der Menschlichkeit, der Empathie und vielen weitere, zwischenmenschlichen Fähigkeiten, wogegen der IQ das logische Denken, Merkfähigkeit, schlussfolgerndes Denken und die Schnelligkeit der Bearbeitung verschiedener Aufgaben umfasst. Der EQ ist im Gegensatz zum IQ nicht so einfach durch Tests oder anhand Zahlen messbar. [14]

Unterschiede Kurzüberblick

Intelligenz	Emotionale Intelligenz
IQ	EQ
Höhe des IQ messbar	Höhe des EQ nicht bzw. schwer messbar
logisches Verständnis	Zwischenmenschliches Verständnis
für Karriere zweitrangig	für Karriere wichtig
nicht gesundheitsrelevant	gesundheitsrelevant

1.3 Emotionale Intelligenz- Modell

In dem nachfolgenden Absätzen stelle ich das Modell der emotionalen Intelligenz nach Goleman ausführlicher dar, da sein „Intelligenz-Modell" das weit verbreitetste und populärste ist.

Goleman beschreibt 5 Komponente, welche die emotionale Intelligenz beschreiben sollen, darunter die Fähigkeiten und die Begabung, sich selbst und andere einschätzen zu können.

---

[14] Vgl. Eichwald, F. (2011)

4

Die erste Komponente ist die Selbstwahrnehmung, die Fähigkeit, seine eigenen Emotionen zu erkennen und zu verstehen.

Nummer zwei ist die Fähigkeit, seine Emotionen zu handhaben, sie also nicht nur zu erkennen, sondern ebenfalls in der Lage zu sein, sie zu händeln, zu bestimmen und zu kontrollieren.

Der dritte Faktor beinhaltet, seine eigenen Emotionen in die Tat umzusetzen, in der Lage zu sein, sich selbst zu motivieren und seine Talente und Kreativität einzubringen.

Der nächste Punkt ist die Empathie, diese beinhaltet zu erkennen und zu verstehen was seine Mitmenschen fühlen, wie es ihnen geht und diese Signale richtig deuten zu können.

Der letzte Punkt ist die Fähigkeit im Umgang mit Beziehungen, fähig sein, auf die Emotionen des Gegenübers einzugehen und damit umzugehen. [15]

1.4 Emotionale Intelligenz im Gesundheitswesen

Es gibt einen Zusammenhang zwischen der emotionalen Intelligenz und dem gesundheitlichen Zustand des Menschen. Denn wer in der Lage ist, mit Stress und Stresssituationen umgehen zu können, hat sich selbst mehr im Griff. Denn wer seine eigenen Gefühle wahrnehmen und kontrollieren kann, kann sich in bestimmten (Stress-) Situationen zurücknehmen, wodurch man auf Dauer gesünder lebt. Medizinisch ist die Regulierung von Stress und der dazu führenden geringeren Cortisolausschüttung (Cortisol = Stresshormon) messbar.[16]

Psychische Störungen wie Burn-Out, worunter viele Arbeitnehmer leiden, ist ebenfalls eine Ursache von mangelnder emotionaler Intelligenz.

Oft können diese Menschen nicht einschätzen, was ihre Umwelt eigentlich von ihnen will, denn häufig wird Energie an der falschen Stelle investiert.

---

[15] Vgl. Goleman, D. (1995), S. 65 f.
[16] Vgl. Lutz, S. (1997)

5

Stress, weil sie ihr Team oder ihren Chef nicht verstehen, oder sie selber missverstanden werden, sind ebenfalls Ursache für ein schlechtes Arbeitsklima, was sich wiederum auf das Wohlbefinden und die Gesundheit auswirkt.[17]

Emotionale Intelligenz stellt mit dem Sport verbunden ebenfalls ein gesundheitsrelevanter Faktor dar. Denn für den Sport ist es besonders wichtig, sich regelmäßig und kontinuierlich selber motivieren zu können. Zu Lernen mit Niederlagen und Misserfolgen umzugehen und trotz allem weiter zu kämpfen und nicht aufzugeben, erfordert ein gesundes Maß emotionaler Fähigkeiten. Um zahlreiche Anforderungen im Sport zu bewältigen, muss der Sportler mit seinen eigenen Emotionen und die der anderen umgehen können, beispielsweise mit denen der Teamkollegen, der Gegner, des Trainers, den Zuschauern oder des Schiedsrichters. [18]

Die emotionale Intelligenz im Sport spielt in vielen Bereichen eine wichtige Rolle, man geht mit seiner eigenen Leistung zufriedener um, erzielt, Studien zufolge höhere Ganzjahresleistungen.

Menschen mit hoher emotionaler Intelligenz können ihre Nervosität in und auch vor Wettkämpfen besser regulieren und besser damit umgehen.[19]

Emotionale Intelligenz ist allerdings nicht nur im Leistungssport eine relevante Fähigkeit, denn auch im privaten Bereich, was sportliche Aktivitäten angeht, spielt der EQ eine entscheidende Rolle.

Sich selbst motivieren zu können, zum Sport zu gehen trotz möglicher Müdigkeit oder Erschöpfung und sein Training kontinuierlich fortzusetzen. Realistische Trainingspläne zu erstellen, diese zu steigern, um sich zu verbessern. [20]

Doch trotz der vielen gesundheitsfördernden Merkmalen, die die emotionale Intelligenz mit sich bringt, bin ich der Meinung, dass ein hohes Maß emotionaler Intelligenz ebenfalls Nachteile haben kann.

---

[17] Vgl. Aust, S. (2018)
[18] Vgl. Laborde, S. (2017) S. 35
[19] Vgl. Laborde, S. (2017) S. 35 f.
[20] Vgl. Laborde, S. (2017) S. 40 f.

Denn wer in der Lage ist, sich in andere hineinzuversetzen, dessen zum Teil auch traurigen und negativen Gefühle versteht, kann in einer gewissen Art ebenfalls beeinflusst und heruntergezogen werden. Emphatische Menschen versuchen Lösungen für die Probleme anderer zu finden, machen es sich zur „Aufgabe" zu helfen und machen es sich möglicherweise zum eigenen Problem.

2. Aufgabe C2

Im Unterkapitel 2.1 gehe ich auf das Modell von Raymond Cattell ein, werde dieses erklären und auf die Besonderheit, wie er zu diesem Modell kam erläutern. Im Unterkapitel 2.2 anlehnend darauf auf drei Eigenschaften eingehen, die im Rahmen eines Komptenzfeedbacks wichtig scheinen und diese anhand von Beispielen aus dem Berufsalltag begründen. Im letzten Kapitel werde ich ein Fazit ziehen, um aus diesen Verfahren ein fundiertes auszuwählen.

2.1 Raymond Cattell- Modell

Raymond Cattell entwickelte sein 16-Persönlichkeitseigenschaften-Modell in einem langen Prozess. Sein Ziel lag darin, die Persönlichkeit des Menschen in seiner Gesamtheit zu erfassen.[21]

Erb- als auch Lernfaktoren spielen bei Cattells Theorie eine bedeutsame Rolle. Diese Persönlichkeitseigenschaften versucht er mit der von ihm entwickelten „MAVA-Methode" (Multiple-Abstract-Variance-Analysis-Methode) zu bestimmen. Seiner Meinung nach ist die Prägung der Persönlichkeit bis zum siebten Lebensjahr abgeschlossen.[22]

Zwei Wesenszüge spielen bei Cattell eine bedeutsame Rolle, denn er unterscheidet zwischen Fähigkeitswesenszügen (ability traits), die ermöglichen Fertigkeiten und Fähigkeiten gezielt zu agieren, dynamischen Wesenszügen (dynamic traits), die sich auf bestimmte Zielsetzungen im Leben richten und

---

[21] Vgl. Amelang, M. (1985), S. 263
[22] Vgl. Pervin, L. (1989), S. 314f

Temperamentwesenszügen (temperament traits), die sich auf das Gefühlsleben eines jeden einzelnen beziehen.

Zum Schluss unterscheidet man die Grund- und Oberflächenszüge (stylistic quality of behavior), die sich auf die Ebene, auf der wir ein Verhalten beobachten, beziehen.[23]

Nach Cattell ist die Persönlichkeit die Summe des bestimmenden Faktors, der erlaubt, in einer bestimmten Situation das Verhalten einer Person vorhersagen zu können. Dieser Ansatz wird in einer Formel wie folgt dargestellt:

R= f (P,S)

„R" ist die Verhaltensreaktion, „f" stellt die Funktion dar, „P" wird als Persönlichkeit abgekürzt und „S" soll die Reizflutung darstellen.[24] Aus dieser Gleichung lassen sich die 16 Persönlichkeitseigenschaften von Cattell ableiten, bzw. veranschaulichen.

Die 16 Persönlichkeitseigenschaften von Cattell:

1. kontaktfreudig vs. reserviert
2. mehr intelligent vs. weniger intelligent
3. emotional stabil vs. emotional labil
4. selbstbehauptend vs. demütig, bescheiden
5. unbekümmert vs. nüchtern
6. gewissenhaft vs. eigennützig
7. wagemutig vs. schüchtern
8. zart vs. robust
9. misstrauisch vs. vertrauensvoll
10. ideenreich vs. praktisch
11. scharfsinnig vs. unbefangen
12. besorgt vs. gelassen
13. experimentierfreudig vs. konservativ
14. selbstgenügsam vs. gruppengebunden
15. kontrolliert vs. spontan
16. angespannt vs. entspannt [25]

---

[23] Vgl. Pervin L. (1993), S. 321f
[24] Vgl. Cattell, R. (1967), S. 25
[25] Vgl. Maltby et al.: 2011, S. 306-309.

Diese 16 Eigenschaften lassen sich in Form einer Skala mit je drei Antwortmöglichkeiten auf einem Fragebogen bestimmen. Wobei man zwischen (1) Stimmt, (2) Dazwischen und (3) Stimmt nicht, wählen kann.[26]

Die Besonderheit des Vorgehens von Cattell war, dass er seine Informationen nicht nur aus einer einzigen Datenquelle bezog, sondern seine Schlüsse immer wieder neu empirisch überprüfte, wie beispielsweise in Form von Fragebögen, Ratings und objektiven Tests.[27]

Cattell versuchte einen möglichst umfangreichen Katalog von menschlichem Verhalten zu erstellen, wobei er sich hauptsächlich auf drei Datenquellen bezog. Zum einen auf sogenannte „**L-Daten**", die das Verhalten in alltäglichen Situationen repräsentieren sollten. Hier unterscheidet Cattell in zwei Gruppen:

Gruppe 1: Ohne Versuchsleiter. Hier werden beispielsweise die Zahlen des Geburtsdatums, oder der Schulnoten verwendet.

Gruppe 2: Mit Versuchsleiter. Dieser bewertet den Probanden mithilfe einer Skala im emotionalen Verhalten in verschiedenen Bereichen.

„**Q-Daten**" werden mithilfe der Selbsteinschätzung ermittelt, hier muss sich die zu beurteilende Person in bestimmten Situationen selbst bewerten.

„**T-Daten**" sind objektive und standardisierte Tests bzw. Beobachtungen.[28]

Unter anderem baute Cattell ebenfalls auf Theorien von Spearman und Thurstone auf, die er zum Teil in seine eigene Theorie übernahm und ergänzte.[29]

---

[26] Vgl. Fisseni, H.: 2003, S. 362.
[27] Vgl. Amelang, M (1990), S. 288f
[28] Vgl. Fisseni, H. J. (2003) S. 347f
[29] Vgl. Fisseni, H. J. (2003) S351

2.2 Eigenschaften im Betrieb

Ich habe mich für folgende drei Persönlichkeitseigenschaften von Cattell entschieden, da ich der Meinung bin, dass diese im Rahmen eines betrieblichen Feedbacks geeignet erscheinen:

1. emotionale Stabilität
2. kontaktfreudig
3. gewissenhaft

Emotionale Stabilität

Emotional stabile Menschen sind ausgeglichener und können ihre eigenen Emotionen beherrschen. In Stresssituationen behalten sie einen kühleren Kopf, können sich besser kontrollieren und erholen sich emotional schneller als andere.[30]

1. Die emotionale Stabilität habe ich aus diesem Grund ausgewählt, weil man nicht nur im Umgang mit sich selber, sondern auch im Umgang mit seinen Arbeitskollegen, Kunden/Klienten/Patienten und des Vorgesetzten seine Emotionen unter Kontrolle halten sollte. Ich finde diese emotionale Fähigkeit in Bezug auf das Arbeitsklima von sehr wichtiger Bedeutung.

Beispiel: Bevor ich zur Arbeit ging, hatte ich einen schlimmen Streit mit meinem Partner, doch meine privaten Probleme und die damit einhergehende Trauer, Wut und schlechte Laune dürfen meine Kunden auf keinen Fall spüren. Deswegen ist es besonders wichtig, ein Lächeln aufzusetzen und meine Emotionen und Gefühle im Griff zu behalten und zu unterdrücken.

---

[30] Vgl. Stangl, W. (2019)

Kontaktfreudigkeit

Dem Duden zufolge versteht man unter „Kontaktfreudigkeit" die Fähigkeit mit anderen Menschen rasch in Kontakt treten zu können.[31]

2. Die Kontaktfreudigkeit ist meiner Meinung nach ebenfalls ein wichtiger Bestandteil vieler beruflicher Tätigkeiten. Ich muss in der Lage sein, auf meine Kunden offen und ohne Scheu zugehen zu können.

Beispiel: Die Versicherung, bei der ich als Innendienstkraft tätig bin, hat neue Konditionen im Kraftfahrzeug-Tarif, die ich so vielen Kunden wie möglich vorstellen soll. Also rufe ich Kunden an, vereinbare Termine und gehe auf sie zu, um ihnen unser neues Produkt näher zu bringen.

Gewissenhaftigkeit

Menschen, die zuverlässig, organisiert und diszipliniert sind.

Gewissenhafte Menschen sind kompetent, pflicht- und verantwortungsbewusst, sie sind ordnungsliebend und führen ihre Aufgaben bzw. Arbeiten leistungsmotiviert aus.[32]

3. Mein letzter ausgewählter Persönlichkeitsfaktor ist die Gewissenhaftigkeit, denn diese spielt in allen Berufen eine wichtige Rolle. Im beruflichen Alltag ist es wichtig mit anderen Menschen zu agieren, man muss sich auf den Vorgesetzten und seine Arbeitskollegen verlassen können. Andererseits müssen sich meine Vorgesetzten, meine Kollegen, meine Patienten/Klienten oder Kunden auf mich verlassen können. Diese Fähigkeit ist für einen erfolgreichen und reibungslosen Arbeitsablauf von wichtiger Bedeutung.

Beispiel: Meine Aufgabe als Blutkurierin ist es, die Blutproben von Arztpraxen abzuholen und diese dann zum auswertenden Labor zu transportieren. Dabei ist es wichtig, vorsichtig und gewissenhaft mit den mir anvertrauten Materialien umzugehen, diese sicher in einer Kühlbox zu verstauen, zu kennzeichnen und ordnungsgemäß zur angegebenen Zeit zu übergeben.

---

[31] Vgl. Carsten, O., Herbst, J., Loeffelholz, G.M. (2019)
[32] Vgl. Fetchenhauer, D. (2018), S. 173

2.3 Fazit

Bevor man sich aus den zahlreichen Persönlichkeitstest einen einzelnen heraussucht, sollte man sich Gedanken darüber machen, was seinen Mitarbeitern wichtig ist. Es gibt Persönlichkeitsmerkmale die im Beruf wichtiger und relevanter sind als andere.

Es spielt eine wichtige Rolle in welchem Berufsfeld man sich befindet.

Ist es mir wichtig, wie intelligent meine Mitarbeiter sind, oder ist es mir wichtiger, wie sie mit Stresssituationen umgehen?

Muss ein Mathematiker besonders emphatisch sein und auf Menschen zugehen können?

Muss eine Bäckereifachverkäuferin einen besonders hohen IQ vorweisen können?

Die andere Frage ist: Wie weit darf man als Vorgesetzter gehen? Wie „intim" dürfen die Fragen sein?

Ich bin der Meinung, dass es nicht „DAS" Verfahren gibt! Ich denke, dass es eine Zusammenstellung aus mehreren Verfahren ist, um fundierte Ergebnisse für die Personalauswahl zu erhalten.

Denn, wie ich oben bereits erwähnt habe, spielt das Berufsbild und die damit verbundenen Anforderungen an den Mitarbeiter eine wichtige Rolle.

In Form von ausgewählten Fragen verschiedener Persönlichkeitstest kann man diese im Vorstellungsgespräch mit dem Bewerber einbauen. Denn so kommt man eventuell eher zu einem unverfälschten „Ergebnis", da man in Ankreuztests,, besonders bei Fragen emotionaler Fähigkeiten seine eigenen Leistungen eher anhebt als bei einem ungezwungenen Gespräch.

3. Aufgabe C3

Im Unterkapitel 3.1 werde ich das Konzept der Kreativität mit dem der Intelligenz abgrenzen. Unterkapitel 3.2 beschreibt die Messung von Kreativität und im letzten Punkt erkläre ich anhand von Beispielen aus dem Berufsalltag kreativitätsfördernde und kreativitätsbehindernde situative Einflüsse.

3.1 Kreativität vs Intelligenz

Die Kreativität und die Intelligenz eines Menschen verbindet mehr als sie trennt. Daher ist es schwierig, deutliche Unterschiede beider Fähigkeiten zu finden. Im folgenden Abschnitt habe ich ein paar Abgrenzungen aufgezeigt.

Unter Kreativität versteht man oft die Fähigkeit, etwas Neues und Sinnvolles zu produzieren. [33]
Der Kreativitätsbegriff ist ein Konstruktbegriff, da Menschen dem Begriff zufolge etwas konstruieren.[34]
Der Unterschied zwischen der Intelligenz und der Kreativität spiegelt sich als erstes in der Messbarkeit wider. Während Intelligenz mittlerweile sehr gut messbar ist, ist der Grad der Kreativität eines Menschen hingegen schwer erkennbar. Viele Kreativitäts- Tests haben unterschiedlichste Schwerpunkte, denn in diesen gibt es kein „richtig oder falsch". Deswegen können hier die Ergebnisse unterschiedlich ausfallen.[35]
Die „klassische" Intelligenz wird auch als konvergentes Denken bezeichnet. Diese wird mit logischem und schlussfolgerndem Denken in Verbindung gebracht.
Die Kreativität, die als divergentes Denken bezeichnet wird, bezieht sich auf originelles Denkverhalten.[36]

---

[33] Vgl. Schumacher, R. (2006), S.98
[34] Vgl. Weber, H., Rammsayer, T. (2005), S. 333f
[35] Vgl. Hilscher, S., Ulrich, K. (2010)
[36] Vgl. König, F. (1986), S.345ff

3.2 Kreativität- Messung

Wie im vorherigen Abschnitt bereits genannt, gibt es zahlreiche Kreativitäts-Tests, die sich in ihren Aufgaben unterscheiden. Doch jeder Test hat seine eigenen Schwerpunkte, wobei es bei der Messung von Kreativität kein Algorithmus gibt.

Ein Beispiel ist der Guilford-Test, welcher die Kreativität messen soll. In ihm befinden sich verschiedene Aufgabenbereiche, die man in unterschiedlichster Art und Weise lösen kann. Hieraus einige Beispiele:

1. Aus vorgegebenen Wörtern Sätze bilden und konstruieren.
2. Versteckte Lösungswörter in verschiedenen Sätzen finden.
3. Realistische Schätzungen zur Anzahl bestimmter Gegenstände durchführen.
4. Verbesserungsvorschläge zu alltäglichen Gebrauchsgegenständen machen.
5. Bilder einer Geschichte in die richtige Reihenfolge bringen.
6. Anwendungsmöglichkeiten zu bspw. Backsteinen finden.
7. Anhand einer Überschrift einen Text schreiben.
8. Gegenstände aus vorgegebenen Symbolen und Zeichen konstruieren.
9. Synonyme eines Wortes finden.
10. Widersprüchliche Situationen in einer Kurzgeschichte wiedergeben.[37]

3.3 Berufsalltag Beispiele

Kreativitätsfördernde Einflüsse fangen im Kleinkindalter an, denn in dieser Zeit entwickeln sich die grundlegenden Bausteine: Neugier, Interesse und Ehrgeiz.

Wie sich diese drei emotionalen Faktoren entwickeln, hängt zum größten Teil mit der Erziehung der Eltern und dessen Bindung zusammen.

Ein Kind, dass sich in seiner Umgebung sicher und akzeptiert fühlt, ist viel offener und experimentierfreudiger als ein Kind, dass von den Eltern Tadel und Zurückweisung erlebt.[38]

---

[37] Vgl. Amelang, M., Bartussek, D.,(1990) S. 252
[38] Vgl. Holm-Hadulla, R.M. (2005) S. 39

Kreativitätsfördernde Einflüsse gehen in der Schule weiter, denn wenn man versucht den sogenannten „Frontalunterricht" zu umgehen und stattdessen Gruppenarbeiten in den Schulalltag einbaut, ist dies ein guter Schritt, um die Kreativität der Kinder zu fördern. In Arbeitsgruppen können Schüler ihre Aufgaben eigenständig lösen und entwickeln individuelle Lösungswege.[39]

Kreativhindernde situative Einflüsse sind Aufgabenstellungen im Alltag, bspw. in der Schule oder bei der Arbeit, die konkrete Lösungswege aufzeigen, die dann verglichen und bewertet werden. Klausuren in der Schule oder in der Universität werden nach dem Muster „richtig oder falsch" bewertet. Es gibt bestimmte Lösungswege, die man so anwenden sollte, wie man es gelernt hat. Denn meist werden nicht nur die Antworten benotet, sondern auch die Wege, um zu ihnen zu gelangen.

Zudem bietet ein straffer, durchgetackteter Lernplan und der klassische Schulablauf kaum Freiraum für Kreativität.

Um Kreativität fördern zu können, muss auf jedes einzelne Individuum eingegangen werden, was in einer Klasse von 20 Kindern und einem Lehrer kaum oder gar nicht möglich ist.

Auch hat der Bewertungsdruck sowohl in der Schule als auch im Arbeitsleben eine kreativhemmende Auswirkung, da so ein Leistungsdruck aufgebaut wird, der negativen Einfluss auf die Kreativitätsentfaltung haben kann.[40]

Stress und Angespanntheit im Alltag wirken sich besonders kreativhemmend auf den Menschen aus, ebenso das Erfüllen von vielen verschiedenen Aufgaben gleichzeitig. Das ständige umswitchen zwischen mehreren Arbeiten verhindert es, sich auf eine Aufgabe zu fokussieren, wodurch das kreative Denken unterdrückt wird.

Zu starre Richtlinien und Normen, an die man sich halten muss, sorgen ebenfalls für Kreativbehinderungen.[41]

Da ich zwei total unterschiedliche Nebenjobs habe, die sich jeweils total verschieden auf meine Kreativität auswirken, stelle ich beides jeweils kurz vor.

---

[39] Vgl. Fudickar, M., (1985) S. 114
[40] Vgl. Amabile, T.M., Goldfarb, P., & Brackfield, S.C. (1990) S. 6-21
[41] Vgl. Plewa, W. (2019)

In meinem Job als Innendienstkraft in einer Versicherungsagentur ist es meine Aufgabe, die anfallende Post, Kundentermine zu vereinbaren, Kündigungen zu schreiben, Angebote zu rechnen usw. Mein Arbeitsablauf ist durchgeplant, zwischenzeitlich nehme ich Anrufe entgegen, springe von einer Aufgabe zur nächsten. In dieser Zeit fokussiere ich mich ausschließlich auf meine zu erledigenden Arbeiten. Dort bietet sich kein Raum für Kreativität, denn jede Aufgabe hat einen bestimmten Ablauf, an den ich mich halten muss. Diese Arbeit würde ich für mich als kreativhemmend bezeichnen.

Anders sieht es in meinem zweiten Nebenjob aus. Dort arbeite ich als Kurierfahrerin für ein Labor bzw. mehrere verschiedene Arztpraxen. Als Kurierfahrerin verbringt man sehr viel Zeit im Auto, jeden Tag die selbe Strecke fahren, jeden Tag die selben Ärzte ansteuern, jeden Tag der selbe Ablauf. Zwar ist die Arbeit an sich sehr monoton und eher langweilig, doch bieten mir die langen Autofahrten sehr viel Zeit zum Träumen, Denken oder Singen, denn musikalischer bin ich dadurch definitiv geworden. Doch vor allem denke ich in dieser Zeit sehr viel nach, teilweise über Dinge, die mich beschäftigen, Sachen, die ich erledigen muss. Ich denke über meine Zukunft nach, über meine Pläne und Wünsche und führe sehr viele Selbstgespräche in denen ich Dialoge mit mir selbst führe.

Bis zu diesem Punkt war mir nie wirklich bewusst, wie mich dieser Job in meiner Kreativität fördert, denn im sonst so gestressten Alltag und Arbeitsleben findet man meist gar keine Zeit, sich über alle möglichen Dinge Gedanken zu machen, keine Zeit zu träumen oder zu singen oder mit sich selbst zu reden.

Seit vier Jahren arbeite ich nun als Kurierfahrerin und habe diesen Job nie als richtigen Job gesehen oder empfunden, weil es für mich Entspannung ist, eine Auszeit von Stress und Hektik.

Manchmal sind die augenscheinlich doch so banalen Jobs eine Bereicherung für sich und seinen Charakter. Daher sage ich, dass mich dieser Job definitiv kreativ fördert.

4. Inhalts- und Quellenverzeichnis

Amabile, T.M., Goldfarb, P., & Brackfield, S.C. (1990): Social influences on creativity: Evaluation, coaction, and surveillance creativity Research. Journal 3, 1990.

Amelang, M., Bartussek, D. (1985): Differentielle Psychologie und Persönlichkeitsforschung, 2., erweiterte Aufl., Stuttgart, Berlin, Köln, Mainz, 1985.

Amelang, M., Bartussek D. (1990): Differentielle Psychologie und Persönlichkeitsforschung, 3. erweiterte Aufl., Stuttgart, Berlin, Köln: Kohlhammer, 1990.

Aronson, E., Wilson, T. D., Akert, R. M. (2004): Sozialpsychologie, 4., aktualisierte Aufl., München 2004.

Cattell, R. B. (1967): The scientific analysis of personality. Chicago, Aldine, (Deutsch von L. Piaggio: (1973). Die empirische Erforschung der Persönlichkeit, Weinheim, 1973.

Fetchenhauer, D. (2018): Psychologie, 2., vollständig überarbeitete Aufl., München 2018.

Fisseni, H. J. (2003): Persönlickeitspsychologie. Ein Theorieüberblick. 5., unveränderte Aufl., Göttingen, 2003.

Funke, J., Vaterrodt- Plünnecke, B. (2004): Was ist Intelligenz?, 2., überarbeitete Aufl., München 2004.

Fudickar, M. (1985):Kreativitätstraining und Schule, Erfolgreiche Methoden zur Steigerung der Kreativität am Beispiel eines Unterrichtsversuchs, Essen 1985
Goleman, D. (2009): Über Emotionale Intelligenz, in: Giessen, H. W. (Hrsg), Emotionale Intelligenz in der Schule. Unterrichten mit Geschichten, Weinheim, Basel 2009, S. 19-26

Goleman, D. (2008): Emotionale Intelligenz, 20. Aufl., München, 2008.

Goleman, D. (1995): Emotionale Intelligenz, München, 1995.

Holm- Hadulla, R. M., (2005): Kreativität. Konzept und Lebensstil, 2. überarbeitete und ergänzte Aufl., Göttingen, 2005.

Kanitz, A. v. (2010): Emotionale Intelligenz, 2. Aufl., München 2010.

Kanitz, A. (2015): Emotionale Intelligenz, 4. Aufl., in: Haufe TaschenGuide, Freiburg, 2015.

König, F. (1986). Kreativitätsdiagnostik als essentieller Bestandteil der Intelligenzdiagnostik. Diagnostica, Stangl, 2019.

Laborde, S., Furley, P., Musculus L., Ackermann, S. (2017): Emotionale Intelligenz im Sport, Meyer & Meyer Verlag, 2017.

Mayer, J. D., Caruso, D. R., Salovey, P. (2010): Selecting a measure of emotional intelligence: the case for ability scales, in: Bar-On, R., Parker, J. D. A. (Hrsg.), The handbook of emotional intelligence: theory, development, and application at home, school, and in the workplace, San Francisco 2000, S. 320-342

Pervin, L. (1989): Persönlichkeitstheorien, 3. Aufl., München, Basel, 1989.

Pervin, L. (1993): Persönlichkeitstheorien, 3. neubearbeitete Aufl. , München, Basel 1993.

Schumacher, R. (2006): Macht Mozart schlau? Die Förderung kognitiver Kompetenzen durch Musik, Bonn, Berlin 2006.

Weber, H., Rammsayer T. (2005): Handbuch der Persönlichkeitspsychologie und Differentiellen Psychologie, Göttingen, 2005.

Internetquellen

Aust, S. (2018): Emotionale Intelligenz schlägt Ellbogenmentalität
URL: https://www.welt.de/gesundheit/psychologie/article135210310/Emotionale-Intelligenz-schlaegt-Ellbogenmentalitaet.html, Abruf am 19.02.2019.

Ahmadi, Rojahn (o.D): Was ist eigentlich Intelligenz?
URL: https://www.neuronation.de/science/was-ist-eigentlich-intelligenz Abruf am 22.02.2019.

Carsten, O., Herbst, J., Loeffelholz, G.M. (2019): DUDEN.
URL: https://www.duden.de/rechtschreibung/kontaktfreudig, Abruf am 01.11.2019.

Eichwald, F. (2011): Wofür steht eigentlich der „EQ"?
URL: https://arbeits-abc.de/emotionale-intelligenz/ , Abruf am 18.02.2019.

Hilscher, S., Ulrich, K. (2010): Süddeutsche Zeitung. Psychologie. Kreativität ist harte Arbeit.
URL: https://www.sueddeutsche.de/wissen/psychologie-kreativitaet-ist-harte-arbeit-1.492003-2, Abruf am 06.11.2019.

Lutz, S. (1997): Karrierefaktor Emotion?
URL: https://www.suedkurier.de/leben/koerper-geist/gesundheit-magazin/Karrierefaktor-Emotion;art412908,8551199, Abruf am 19.02.2019.

Plewa, W., (2019): KAYENTA Training und Beratung. Projektmanagement know-how für Fach- und Führungskräfte. URL: https://www.kayenta.de/training-seminar/artikel/frische-ideen-gesucht-so-wecken-sie-das-kreative-potential-ihres-teams.html, Abruf am 06.11.2019.

Stangl, W. (2019): Emotionale Stabilität. Lexikon der Psychologie und Pädagogik.
URL: https://lexikon.stangl.eu/9938/emotionale-stabilitaet/, Abruf am 31.10.2019.